L'OPPOSITION

LIBÉRALE

EN 1863

PARIS

IMPRIMERIE DE L. TINTERLIN ET Ce

RUE NEUVE-DES-BONS-ENFANTS, 3.

L'OPPOSITION

LIBÉRALE

EN 1863

PARIS

E. DENTU, LIBRAIRE-ÉDITEUR

PALAIS-ROYAL, 17 ET 19, GALERIE D'ORLÉANS

1863

AUX CANDIDATS

DE L'OPPOSITION LIBÉRALE DE 1863

En vous dédiant ce petit opuscule écrit au lendemain même des élections de 1863, je ne fais, Messieurs, que vous rendre les idées généreuses et le noble langage que je vous ai empruntés. C'est presque toujours sous votre dictée que ces quelques lignes ont été tracées, et le but que je poursuis en les livrant à la publicité serait pleinement atteint, si vous trouviez fidèlement reproduits en elles les beaux sentiments qui les ont inspirées.

Peut-être m'a-t-il fallu quelque courage ou tout au moins quelque hardiesse pour oser me faire, après les ardeurs de la lutte, l'éditeur des professions de foi qui ont marqué la date mémorable de nos dernières élections. Mais je me trouverais bien largement récompensé, si, jugé digne du titre que je lui ai donné, ce petit travail pouvait devenir le programme de ceux d'entre vous qui ont vu leur généreuse tentative couronnée de succès, et si les autres, en le lisant, pouvaient y trouver une consolation nouvelle à leurs défaites glorieuses !

V. VIDAL.

15 Juillet 1863.

L'OPPOSITION

LIBÉRALE

EN 1863

————o⚬o————

2 Juin 1863.

Nous venons d'assister à un grand spectacle. Après douze ans d'un sommeil en apparence profond, mais en réalité bien léger, la France libérale, la vraie France, s'est enfin et tout à coup réveillée. La voilà qui se lève ; la voilà qui se remet en marche, non plus au pas de course comme autrefois, mais d'un pas lent et mesuré, ce qui est désormais pour elle le plus sûr moyen d'arriver au but.

Conviés à prendre chacun notre place au petit banquet de liberté qu'on vient de nous offrir, nous nous y sommes assis, avec plus d'empressement peut-être qu'on n'en avait espéré de nous, mais aussi avec cette discrétion sage des convalescents qui ne veulent pas, par de nouveaux excès, compromettre leur retour à la santé et s'attirer les rigueurs nouvelles de leur médecin.

On nous a rouvert l'arène électorale : nous y sommes rentrés, en foule, mais sans fracas, sans tumulte.

Le silence de la France pesait au cœur de son souverain ; il l'a interrogée : la France a franchement et respectueusement répondu.

Et maintenant qu'elle a parlé, maintenant que le voile est déchiré, plus d'équivoque, plus de malentendu possible ! On sait ce qu'elle espère, ce qu'elle désire, ce qu'elle veut. Car jamais, à aucune autre époque de notre histoire, les vrais sentiments de la nation ne se sont révélés d'une manière à la fois plus unanime et plus expressive que dans ces jours mémorables du mois de mai 1863. Qu'on lise, — il en est temps encore, — ces professions de foi dont la lecture a fait un instant palpiter le cœur de la France et dont les débris tapissent encore les murailles de nos plus humbles hameaux : toutes expriment les mêmes idées, les mêmes sentiments ; une pensée commune les a inspirées ; et, sauf les différences de style, elles sont toutes semblables. On dirait que tous les partis,— si tant est qu'il en existe encore,— on dirait que tous les hommes indépendants se sont donné le mot pour tenir à la nation le même langage et faire arriver les mêmes conseils jusqu'à l'oreille de son gouvernement.

Cet accord merveilleux, unique peut-être dans notre histoire politique, nous a vivement frappé. Il nous a semblé qu'il y avait là une source abondante d'espérances pour ceux qui avaient désespéré, d'enseignements pour ceux qui avaient besoin d'en recevoir, de confiance pour tout le monde. Nous avons pensé qu'une manifestation aussi calme, aussi digne, aussi imposante, devait prendre rang dans notre histoire, et qu'il était bon d'en perpétuer parmi nous le souvenir. Voici alors ce que nous avons fait :

Nous avons pris toutes ces professions de foi, — il y en a plus de cent, — et, les livrant à un véritable pillage, nous en avons extrait la meilleure substance que nous offrons à nos lecteurs.

En faisant cela, nous croyons très-sincèrement avoir fait une œuvre utile. C'est là toute notre prétention, toute notre ambition.

I

J'ai besoin d'être entouré d'hommes indépendants ; qu'ils me disent toute leur pensée ;
qu'ils apprennent à notre jeune démocratie
à faire ses affaires elle-même et à n'avoir
rien à envier à la vieille liberté de l'aristo-
cratie anglaise.

Pendant que, revenue de sa frayeur comme de ses il-
lusions, la France s'apprêtait à choisir des hommes dignes
de porter, capables de tenir d'une main ferme le drapeau
de l'Empire et de la Liberté, d'imprudents journalistes,
avocats malhabiles d'une cause qu'ils voudraient être seuls
à défendre, semblaient avoir pris à tâche d'inquiéter toutes
les consciences et de semer le trouble et les alarmes au
sein de la lutte la plus paisible qu'on ait jamais vue.
Vains efforts, inutiles clameurs. Par son calme et sa réso-

lution le suffrage universel a fait justice de ces injustes violences.

Ils disaient :

Les candidats de l'Opposition libérale sont tous des ennemis jurés de l'Empire. Débris çà et là dispersés des anciens partis, ils se sont coalisés pour renverser le gouvernement. Cachés sous un masque trompeur, ils ont l'air de ne soupirer qu'après le retour d'une liberté sage ; mais tous, au fond, ne rêvent que des restaurations insensées. En vain, pendant onze ans de règne, l'Empereur a étonné le monde par le spectacle des grandes choses qu'il a accomplies : ils n'ont rien vu, n'ont rien appris. Loin de les ramener à la sagesse, la retraite à laquelle ils s'étaient condamnés n'a fait qu'aigrir leurs rancunes ; ils n'en sortent aujourd'hui que le cœur secrètement enflammé de colère, toujours pleins de regrets pour le passé, pleins de haine pour le présent, et, pour l'avenir, pleins de funestes projets.

A ces accusations odieuses, sûrs de leurs consciences et sûrs de la conscience publique, les défenseurs de la liberté ont tous répondu par un formel démenti. Nous avons, ont-ils dit, prêté serment d'obéissance à la Constitution et de fidélité à l'Empereur : pour des hommes comme nous, c'en est assez. On a assez de gages de notre indépendance, nous avons donné assez d'exemples d'honnêteté politique, pour pouvoir aujourd'hui refuser à qui

que ce soit le droit de révoquer en doute la sincérité de
nos paroles.

On parle de notre rancune, on parle de nos regrets.
Qu'on mette la main sur nos cœurs ! Oui, ils battent encore. Mais ce ne sont ni de vains ressentiments ni la haine
qui les agitent ; c'est l'amour du bien public et de la patrie qui les a ranimés et qui les fait battre. Le temps qui
s'écoule et qui nous emporte au milieu de nos agitations,
nous a fait oublier nos vieilles querelles ; les grands événements dont nous venons d'être témoins nous ont fait
renoncer sans peine à des divisions surannées. Non, ce
n'est pas la haine de l'Empire qui nous chasse de notre
retraite ; l'amour seul du pays nous pousse à rentrer dans
la vie publique. Sur son seuil, nous déposons et nos souvenirs et nos regrets, et nous n'aspirons à pénétrer dans les
conseils de la nation que pour travailler en commun à sa
grandeur et à sa prospérité. Plus d'esprit de parti ! Il
domine, enchaîne la conscience et n'inspire pas moins de
soupçons aux gouvernés qu'aux gouvernants eux-mêmes.
Il n'est plus aujourd'hui qu'un seul parti possible, c'est
le grand parti libéral. Il n'y a plus qu'un drapeau, c'est le
drapeau de l'Empire constitutionnel. C'est autour de celui-
là que nous nous rangeons tous. Qu'on n'essaye donc pas
d'effrayer les esprits par d'autres couleurs. Qu'on renonce
à nous présenter comme des ennemis de l'Empereur, car
tous nous venons lui offrir et nous voulons lui prêter un
concours loyal.

Des ennemis, les gouvernements en ont toujours eu de deux sortes : ceux qui blâment tout ce qu'ils font et ceux qui les approuvent toujours, ceux qui les combattent systématiquement et ceux qui les encensent jusqu'au jour de leur chute.

Nous ne sommes ni des uns ni des autres.

Nous n'avons pas contribué à fonder l'Empire ; cela est vrai. Mais, l'Empire fondé, l'Empire raffermi sur sa base par les millions de suffrages qui l'ont acclamé, nous refusera-t-on le droit de devenir, nous aussi, des partisans dévoués de la dynastie impériale ? Pourquoi nous repousse-t-on ? Est-ce parce que nous portons des âmes fières qu'on ne force pas en un jour et dont les sympathies ne se gagnent que par les services rendus à la patrie ? Est-ce parce que nous avons payé un juste tribut de regrets aux causes que nous avions servies, et que, par notre fidélité à de pieux souvenirs, nous avons montré le fondement que l'on peut faire sur la constance de notre dévouement ? Qu'on nous ferme tant que l'on voudra la voie qui mène aux faveurs, nous n'en demandons pas ; mais qu'on nous laisse ouverte celle qui peut nous faire arriver jusqu'au cœur de la nation et du souverain qu'elle a choisi. Qu'on nous tienne éloignés de dignités que nous n'achèterons jamais par des bassesses ; mais, de grâce, qu'on ne nous traite pas en suspects, et qu'on cesse de nous appeler ennemis du gouvernement parce que nous lui refusons une admiration aveugle.

Nous savons bien que nos serments et nos protestations de fidélité feront toujours sourire ceux auxquels il n'est pas permis de croire aux dévouements désintéressés. Mais il est, Dieu merci, des hommes capables de comprendre les pensées généreuses et les nobles sentiments. A ceux-là nous dirons :

A la suite des événements qui renversèrent la République et amenèrent l'Empire, la France était profondément ébranlée. Napoléon III lui rendit l'ordre, avec l'ordre la sécurité, avec la sécurité la richesse et la gloire. Nous l'avons vu, nous ne l'oublions pas. A la vérité, nous n'étions pas à battre des mains dans la foule toujours assez nombreuse des admirateurs bruyants; mais, dans le secret de nos consciences, nous avons applaudi. Nous applaudissions aussi lorsque, portant notre drapeau sur de nouveaux champs de bataille, l'Empereur ajoutait encore à la grandeur du nom de Napoléon et replaçait la France au rang pour lequel elle est faite.

Et puis, du reste, la France a voulu l'Empire, elle le veut encore ; des millions de suffrages l'ont consacré, ils le consacreraient demain, s'il avait besoin d'une sanction nouvelle. Il est, et c'est assez. Au temps où nous vivons, quel serait l'insensé qui oserait méditer des restaurations impossibles, qui voudrait renverser nos institutions et rejeter dans des crises stériles le pays à peine remis de ses secousses?

Des révolutions... Avec l'incertitude qui préside à leur naissance, les troubles qui les accompagnent et les deuils publics qui les suivent, qui oserait seulement de ses vœux en appeler de nouvelles? Non, tout le monde aujourd'hui a peur des révolutions, et il n'est plus en France d'hommes véritablement sensés qui, pour en prévenir le retour, ne soient prêts à tous les sacrifices. C'est en y mettant un terme que l'Empereur a acquis ses premiers titres à la reconnaissance publique; c'est parce qu'il nous a mis à l'abri de leurs désordres que la nation a acclamé sa dynastie naissante. Aujourd'hui, le nom de Napoléon est devenu inséparable de l'ordre et de la sécurité publique. Or, avant toutes choses, c'est l'ordre que nous voulons. Nous voulons donc que le gouvernement soit fort et respecté, afin qu'il puisse maintenir l'ordre; et, loin de songer à détruire l'Empire, nous voudrions, au contraire, le raffermir.

Oui, tel serait notre vœu: raffermir le gouvernement, et cela, par une part plus large faite aux libertés publiques. Pour nous, en effet, l'amour de l'ordre est inséparable de l'amour de la liberté. Si nous aimons le progrès, si nous sommes partisans des réformes, ce n'est pas pour préparer les révolutions, mais bien au contraire pour les empêcher; et c'est pour conserver longtemps la sécurité et la stabilité dont nous jouissons actuellement, que nous souhaitons qu'une résistance ferme et raisonnée vienne donner au pouvoir le contre-poids qui lui manque. Aussi nous désirons ardemment voir le gouvernement se fonder par la liberté, et, sur cette base indestructible, assurer son avenir et celui de nos institutions. Il s'établirait par là, entre le pouvoir et le pays, une sincère solidarité de conduite, seule garantie vraie d'union comme de force.

Qu'à l'heure où les passions révolutionnaires avaient tout mis en question, le pays ait consenti à faire momentanément le sacrifice de ses libertés, la sagesse alors le commandait. Mais, aujourd'hui, quand le péril est depuis longtemps conjuré, ne pas les réclamer serait d'une indifférence coupable, une lâcheté dont l'autorité de l'État finirait par souffrir autant que la dignité des citoyens. Alors que les intérêts de l'ordre étaient menacés, on a pu, pour les défendre, oublier un instant ceux de la liberté. Aujourd'hui que l'ordre est partout rétabli, le moment est venu de faire la part plus grande à la liberté. La grande voix de l'histoire conjure la France d'éviter les dangers qui attendent les nations affaissées dans l'oubli des devoirs publics.

L'histoire nous apprend aussi que c'est par des moyens autres que ceux qui ont présidé à leur naissance, que les gouvernements se consolident. Fondé par la force, l'Empire doit s'affermir par la liberté. Il est assez puissant aujourd'hui pour s'allier avec elle, et cette alliance heureuse le sauvera des entraînements auxquels les pouvoirs trop forts finissent toujours par succomber. Ce n'est pas seulement par les emportements de la licence qu'on marche aux révolutions ; les exagérations du pouvoir y mènent aussi.

Veut-on mettre l'Empire à l'abri de ces exagérations funestes ? Veut-on que, retenu par une critique modérée, mille fois plus utile que la louange, délivré des dévouements serviles qui l'embarrasseraient dans sa marche, l'Empire, déjà si populaire, achève de gagner tous les cœurs ?

Qu'on rende à la France sa chère idole, la Liberté.

II

> Un jour la liberté viendra couronner l'é-
> difice de notre droit public.

La liberté est le plus grand bien dont puisse jouir un peuple, le gage le plus sûr de son repos, la meilleure condition de sa grandeur.

Elle est comme le feu auquel il faut prendre garde, dont on éloigne les enfants ; mais, pour les hommes, la liberté n'est pas plus dangereuse que le feu, et elle est nécessaire comme lui.

Elle est l'apanage nécessaire de la dignité du citoyen, la source du développement le plus complet de la vie morale. Elle seule ennoblit l'homme en relevant sa faiblesse, elle seule fait les nations grandes, fortes et fières.

Sans elle, la démocratie n'est qu'oppression.

Sans elle, sans les résistances, sans les ardeurs, sans les élans qu'elle suscite, les caractères s'abaissent, les intelligences se stérilisent, le citoyen cesse de s'appartenir et tombe déchu au rang de sujet; toute notion de la moralité humaine se trouble et l'énergie de la nation diminue. Sans elle, tous les droits sont sans garantie, l'ordre sans durée, la vie humaine sans dignité, et la société se sent vivre sans honneur.

L'ordre est éphémère, le repos est trompeur, lorsqu'ils ne reposent pas sur la liberté. Le développement de la liberté est la meilleure sauvegarde contre les bouleversements futurs, le boulevard le plus sûr contre les révolutions.

La liberté est aussi le fondement le plus solide de la prospérité publique, car elle n'est pas moins féconde pour les intérêts matériels que pour les intérêts moraux d'un pays. C'est par la liberté que se développent l'activité, l'énergie, l'esprit d'initiative de chaque citoyen. C'est par la liberté que les capacités, les aptitudes aux diverses fonctions, aux diverses professions se manifestent. C'est par la liberté que les mauvais fonctionnaires, que les abus administratifs sont signalés, sont dévoilés. C'est par elle que les idées, les vérités nouvelles se font jour, sont propagées; avec la liberté, on est sûr qu'il n'y a pas de droit qui ne soit garanti, pas d'intérêt qui ne soit représenté.

Pas de paix intérieure sans la liberté; car il n'est pas

de paix sans justice, et la première justice des peuples c'est la liberté. Si vous faites de la compression, vous sèmerez la colère et récolterez la haine. Soyez modérés, soyez tolérants, laissez parler, laissez se mouvoir vos adversaires, vous ferez naître ainsi la confiance et fonderez la paix sur une base inébranlable.

Ne fermons pas les yeux aux enseignements de notre histoire ; n'oublions pas que la France aime la liberté, que la liberté est dans nos besoins, qu'elle est dans nos mœurs.

N'est-il pas temps, enfin, qu'elle passe dans nos institutions ?

Après douze ans d'existence paisible, le moment n'est-il pas venu d'accomplir l'auguste promesse, de couronner l'édifice de notre droit public ? Après douze années d'attente, le moment n'est-il pas venu d'acquitter ainsi une obligation d'autant plus formelle pour lui que, fondé sur la souveraineté nationale et issu du suffrage universel, il ne saurait en différer plus longtemps l'exécution ?

Oui, l'heure est arrivée ou elle n'arrivera jamais, de préparer l'avenir et de veiller à ce que, sous la garantie d'une liberté régulière, l'héritage de notre prospérité matérielle puisse parvenir sans secousses à nos enfants. Unissons-nous donc dans ce but sacré. Lorsque la France, fatiguée des révolutions, a cherché un refuge dans les bras d'un pouvoir fort et qu'elle s'est portée de tout son poids vers ce pouvoir pour l'affermir, nous nous sommes unis, oubliant nos dissensions anciennes, pour former ce que l'opinion reconnaissante a nommé le grand parti de l'ordre. Aujourd'hui que toutes les passions désordonnées sont calmées, que, tranquilles au dedans, respectés au dehors, nous pouvons envisager l'avenir avec sécurité, unissons-nous encore et formons le grand parti de la liberté. Ne nous endormons pas au sein de la mollesse et de l'indifférence, ne défions pas Dieu, et, quand il en est temps encore, profitons des leçons multipliées de l'histoire, qui nous montre à toutes ses pages que l'absence de la liberté est encore plus à redouter que ses erreurs, et qu'il n'y a pour les nations de grandeur durable que celle qui repose sur la liberté.

Travaillons, poursuivons sans relâche le complet développement des libertés publiques, et ne cessons jamais de réclamer une liberté plus étendue, mieux définie et plus solide que celle que le gouvernement nous a laissée jusqu'à ce jour.

Dieu nous garde cependant de souhaiter le retour d'une liberté sans limites. Nous voulons au contraire qu'elle soit soumise à des règles sévères et qu'elle soit régie par des lois sages. Dans l'intérêt même de sa conservation, nous voulons la répression des écarts qui pourraient se produire dans son exercice.

Mais, ces réserves admises, nous voulons l'extension de toutes les libertés publiques, la liberté dans ses plus larges applications, la liberté dans tous les sens, étendue à toutes les sphères de l'activité humaine, en un mot, l'ensemble de toutes les libertés.

Il faut rendre à la France toutes ses libertés, car toutes les libertés sont solidaires entre elles. De même que les membres d'un même corps s'affaiblissent à la fois quand l'un d'eux est brisé, de même, lorsqu'une liberté vient à faire naufrage, les autres ne tardent pas à sombrer à sa suite.

S'il fallait cependant faire un choix, nous commencerions par réclamer la liberté de la presse, convaincus qu'avec celle-là les autres seraient bientôt reconquises et bien sûrement conservées.

Régie par une législation discrétionnaire, soumise au pouvoir dictatorial du ministre de l'intérieur, la presse ne saurait remplir la mission de contrôle et de publicité qui lui est due. En mettant les journaux à la merci absolue du gouvernement, le droit d'avertissement et de suppression les condamne tous à une égale impuissance, vouant les uns à une approbation sans écho, les autres à une existence semée de périls et pleine d'anxiétés.

Il est temps que l'on renonce à ces moyens de circonstances, remèdes violents dont la France guérie de ses erreurs ne saurait plus avoir besoin. Il est temps qu'on affranchisse la presse d'une tutelle qui l'absorbe, et qu'on lui rende son ancienne indépendance. Qu'en France, comme en Angleterre et en Autriche, tout en se conformant aux lois, on puisse fonder un journal, et que, sans péril pour sa personne ou sa fortune, on puisse éclairer le pays sur la marche du gouvernement, offrir un refuge loyal aux réclamations des personnes ou des intérêts qui se croient menacés ou frappés par l'autorité.

Mais nous connaissons les dangers d'une liberté sans bornes, et ces dangers nous voulons qu'on en prévienne le retour. Dieu nous préserve de solliciter pour la presse la liberté de la passion et les priviléges de la licence. Non, non! Qu'elle soit contenue ou réprimée dans ses écarts par la loi pénale, mais par la loi seule, et qu'elle relève, comme autrefois, du jury, juge naturel des délits qu'elle peut commettre.

La liberté électorale doit marcher de front avec la liberté de la presse. Toutes les libertés sont sœurs; mais ces deux-là sont sœurs jumelles. Que le gouvernement renonce donc à la distinction qu'il a créée entre les candidats officiels et ceux de l'opposition, distinction malheureuse qui frappe les premiers de suspicion aux yeux du pays, les seconds aux yeux du pouvoir. Qu'il n'y ait plus désormais que les candidats du pays, choisis par lui, dignes de le représenter, capables de voter des lois indépendantes et de faire entendre des conseils impartiaux. Qu'on nous rende le droit de réunion électorale, et la France aura bientôt repris l'habitude de faire des choix libres et spontanés, et d'élire des représentants aussi utiles au pouvoir qu'ils éclaireront dans sa marche, que sympathiques au pays qui aimera toujours à retrouver en eux son image.

Mais, si l'on veut que cette liberté reprenne un bel essor, il faut, du même coup, restaurer la liberté municipale. La vie municipale étant le premier fondement de la vie politique, la liberté municipale est aussi la base de la liberté politique. Or, cette liberté sera toujours illusoire, tant que l'administration pourra choisir les maires et les adjoints en dehors des conseils municipaux nommés par le peuple. Dans ces conditions, ce n'est plus la commune qui s'administre et qui fonctionne par elle-même ; c'est le préfet qui mène et dirige tout. La vie municipale est anéantie. Voulez-vous la faire revivre ? Rendez aux communes le choix de leurs maires et l'administration d'elles-mêmes ; rendez le département et la commune indépendants de l'État, et, par une réelle décentralisation, laissez les provinces plus libres marcher vers les améliorations qui leur sont nécessaires.

C'est une sage décentralisation qu'il faut à la France, assez large pour assurer l'indépendance des communes, mais jamais assez pour porter atteinte à l'unité nationale qui fait la force et l'unité de la patrie. Décentraliser, ce ne serait pas laisser au département, au canton, à la commune, une liberté sans limite et sans contrôle; ce serait seulement leur faire une part plus équitable dans le maniement des deniers, dans la gestion de leurs intérêts. Ce ne serait pas non plus désarmer le pouvoir; ce serait le fortifier au contraire, en le déchargeant de prérogatives superflues qui l'embarrassent, de responsabilités inutiles qui le compromettent.

Mais toutes ces libertés à quoi serviront-elles, si le pivot de toutes les libertés, la liberté individuelle, n'est pas rappelée de l'exil? Pourrons-nous prétendre au titre d'hommes libres, tant qu'on n'aura pas rayé de notre législation les décrets essentiellement transitoires qui suspendent, gênent ou menacent la liberté de chacun?

Issue de la raison d'État, aujourd'hui que la France est rentrée dans son état normal, la loi de sûreté générale n'a plus de raison d'être. Loi de circonstance et d'exception, aujourd'hui que les circonstances qui l'ont amenée ont disparu, elle doit disparaître de notre législation. Cette pénalité arbitraire, ces condamnations sans jugement et sans tribunal pouvaient avoir leur prétexte aux temps de troubles et de guerres civiles. Mais, au sein de la tranquillité publique dont nous jouissons, le droit commun seul doit régner. Dans des temps, Dieu merci! plus troublés que les nôtres, le Code pénal n'a-t-il point suffi? Pourquoi ne suffirait-il pas, aujourd'hui, à la défense d'un pouvoir que le suffrage universel a consacré? La loi de sûreté générale est une monstruosité. Confondant les attributions sacrées de la justice avec les pouvoirs de l'administration, elle place hors la loi commune des classes entières de citoyens et perpétue au milieu de nous les pénibles souvenirs des plus tristes discordes civiles. C'est une ombre qu'il faut dissiper, une tache qu'il faut effacer.

III

> Ce qui nuit à mon gouvernement, c'est l'absence de publicité et de contrôle.

Mais serait-il vrai, ainsi qu'on se plaît à nous en accuser, que nous n'appelons toutes ces libertés qu'afin de pouvoir à leur aide renverser le gouvernement de l'Empereur? Non, encore un coup, et mille fois non ! Nous ne voulons la liberté que pour fortifier l'Empire et l'éclairer dans sa marche par le secours d'un contrôle effectif.

La sagesse de nos pères a placé dans toute la hiérarchie gouvernementale, à côté de chacun des pouvoirs exécutifs, un pouvoir délibérant chargé de l'inspirer, de le surveiller, de le fortifier en l'éclairant et en le retenant au besoin. Près du maire le conseil municipal, près du préfet le conseil-général, près des ministres le Corps législatif doivent remplir ces fonctions. La force d'un gouvernement ne réside pas dans la quiétude de l'esprit public résultant de l'abandon que la nation fait de ses droits. Cette force, que tous les hommes sages et prévoyants doivent désirer dans l'administration de leur pays, n'est pas davantage dans la puissance sans limites et sans contrôle qui est la conséquence de l'abdication des citoyens. La force souveraine et durable qui se retrempe dans le suffrage universel et rend impossibles les révolutions, naît de la sécurité produite par la discussion, et réside dans l'honnêteté que commande une surveillance active et éclairée.

Qui pourrait contester la nécessité du contrôle que nous demandons à exercer? Qui ne comprend aujourd'hui qu'il faut de certains freins pour de certains entraînements, et qu'un appui aveugle est plus dangereux pour le pouvoir qu'une résistance éclairée? Le gouvernement est le premier à le reconnaître. C'est M. de Morny qui a dit : « Un « gouvernement sans contrôle et sans critique est comme « un navire sans lest; l'absence de contradiction aveugle « et égare quelquefois le pouvoir et ne rassure pas le « pays. »

L'Empereur lui-même, s'adressant à M. de Morny, ne disait-il pas :

« Ce qui nuit à mon gouvernement, c'est l'absence de
» publicité et de contrôle. »

Eh bien! puisqu'il en est ainsi, le moment n'est-il pas
venu d'accroître les pouvoirs de la représentation nationale, et de lui assurer une intervention plus efficace dans
la gestion de la fortune publique et dans la conduite des
affaires extérieures et intérieures de la France? Mais pour
que la représentation nationale puisse remplir cette noble
mission, il faut, avant toutes choses, que le gouvernement
renonce à désigner les députés chargés de surveiller ses
actes et de les critiquer. Autrement, quel contrôle espérer,
si les contrôlés choisissent les contrôleurs?

Oui, encore une fois, ce qu'il faut à la France, ce qu'il
faut au gouvernement, c'est un contrôle loyal, juste et
bienveillant, qui rendra le gouvernement stable et la France
libre.

Par le libre exercice de ce contrôle, la fortune publique
retrouverait les défenseurs intelligents et fermes qui lui
font défaut. On verrait une économie sévère relever nos
finances et rétablir un réel équilibre dans nos budgets.
Enfin, l'accroissement de nos recettes aurait désormais
pour effet de diminuer et non d'augmenter le chiffre chaque jour grossissant des impôts et de la dette publique.

Devenue plus ménagère de ses ressources, la France renoncerait à ces expéditions lointaines qui lui coûtent tant de trésors et tant de sang. Son épée, assez riche de gloire, ne sortirait plus du fourreau que pour des guerres qu'aurait nécessitées la défense de l'honneur national et du droit. La paix alors ne serait plus un vain mot, et la liberté aurait retrouvé le plus sûr de ses auxiliaires. Nous arriverions ainsi à voir diminuer peu à peu ces armées ruineuses qui privent nos campagnes de leurs bras les plus sains et les plus vigoureux. L'agriculture retrouverait par là les travailleurs qui lui manquent, et sur les économies réalisées par la réduction du contingent elle pourrait recevoir des subsides qu'elle rendrait avec usure. En même temps que l'on diminuerait l'armée des soldats, on augmenterait l'armée des instituteurs ; on élèverait le niveau des intelligences par l'enseignement gratuit et obligatoire ; on instruirait, on moraliserait le peuple, et l'on préparerait ainsi la génération naissante à être digne de l'avenir glorieux qui lui est réservé.

Quoi qu'il en soit et quoi qu'il arrive, quoi qu'on dise et quoi qu'on fasse, la situation est nettement tranchée, clairement définie :

Ce que la France désire, ce qu'elle veut, ce qu'elle réclame aujourd'hui, l'Empereur le désire, le veut et l'a promis depuis longtemps. L'accord le plus parfait existe entre les vœux de la nation et les volontés du souverain.

La France désire que les hommes indépendants soient admis à prêter au gouvernement l'appui de leurs conseils, le concours de leurs lumières. — L'Empereur demande aussi « des hommes qui, animés de l'esprit de l'époque et « d'un véritable patriotisme, éclairent, dans leur indépen- « dance, la marche du gouvernement. »

La France veut qu'un contrôle légal arrête les entraînements du pouvoir. — L'Empereur s'est déjà plaint « de ce « que l'absence de contrôle nuisait à son gouvernement. »

La France réclame la liberté à grands cris. — L'Empereur a promis « qu'un jour la liberté viendrait couron- « ner l'édifice de notre droit public. »

La conclusion dès lors est facile à tirer.

Si la logique n'est pas un vain mot, si le bon sens et la raison ne sont pas désormais proscrits du monde politique, il faut dire :

Ceux qui seconderont les aspirations généreuses de la France vers une sage liberté, feront à la fois acte de patriotisme et de dévouement à la personne de l'Empereur. Loin de mériter le nom d'ennemis de l'Empire, ils devront être placés au premier rang des meilleurs et des plus sûrs amis de sa gloire.

Ceux qui voudront, au contraire, comprimer ces nobles élans, arrêter ce libre essor, ceux-là se mettront en hostilité flagrante avec les vœux les plus chers non-seulement de la France mais encore de l'Empereur.

FIN.